글 조위 터커

그림책 예술 감독이자 디자이너였을 때 여러 베스트셀러 작가와 함께 일했습니다. 지금은 그림책 작가로 일하고 있죠.
작품으로는 《거인에 맞선 소녀, 그레타》 등이 있습니다.

그림 마크 왕

일러스트레이터 겸 만화가입니다. 애플, 뉴욕타임스, 월스트리트저널 등과 협업하고 있습니다.

옮김 장미란

고려대학교 영어교육학과를 졸업하고 어린이 책을 번역하고 있습니다. 옮긴 책으로는 그림책 《착해야 하나요?》 《터널》
《우리는 친구》 《동물원》, 동화 《거꾸로 목사님》 《폭풍우가 몰려와요》 등이 있습니다.

음악으로 세상을 바꾼
비틀즈

초판 1쇄 발행 2021년 3월 15일

글 조위 터커 | 그림 마크 왕 | 옮김 장미란

ISBN 979-11-6581-084-9 (77800)

We Are the Beatles
Text © 2021 Zoë Tucker
Illustrations © 2020 Mark Wang
First published in 2021 by Wide Eyed Editions, an imprint of The Quarto Group
All rights reserved
Korean translation © 2021 Spoonbook, Inc.
Korean translation rights arranged with The Quarto Group through Orange Agency
이 책의 한국어판 저작권은 ㈜오렌지에이전시를 통해 저작권자와 독점 계약한
주식회사 스푼북에 있습니다 저작권법에 의하여 한국 내에서 보호를 받는
저작물이므로 무단 전재와 무단 복제를 금합니다.

* 책값은 뒤표지에 있습니다.
* 잘못 만들어진 책은 구입하신 곳에서 바꾸어 드립니다.

발행처 주식회사 스푼북 | 발행인 박상희
책임편집 박양인
출판신고 2016년 11월 15일 제2017-000267호 | 제조국 대한민국
주소 (03993) 서울시 마포구 월드컵북로6길 88-7 ky21빌딩 2층
전화 02-6357-0050(편집) 02-6357-0051(마케팅) | 팩스 02-6357-0052
전자우편 book@spoonbook.co.kr

제품명 음악으로 세상을 바꾼 비틀즈 | 제조자명 주식회사 스푼북 | 제조국명 대한민국
전화번호 02-6357-0050 | 주소 서울시 마포구 월드컵북로6길 88-7 ky21빌딩 2층
제조년월 2021년 3월 15일 | 사용연령 10세 이상
※ KC마크는 이 제품이 공통안전기준에 적합하였음을 의미합니다.

⚠ 주 의

아이들이 모서리에 다치지
않게 주의하세요.

음악으로 세상을 바꾼
비틀즈

글 조위 터커 | 그림 마크 왕 | 옮김 장미란

스푼북

1957년 어느 여름날, 폴은 친구들을 따라 마을 축제에 갔어요.
새로운 밴드가 공연을 하고 있었는데, 폴은 그 연주를 꼭
들어 보고 싶었어요.

밴드의 이름은 '쿼리맨'이었고,
맨 앞에는 열여섯 살 소년 존이
기타를 치며 노래하고 있었어요.

공연은 정말 훌륭했어요!
관객들은 경쾌한 음악에 맞추어 고개를 흔들고
발을 까닥거렸어요. 모두가 쿼리맨의 노래를 좋아했지요.

공연이 끝난 뒤 폴은 존을 만나
몇 시간이고 이야기를 나누었어요.

그동안 혼자 기타를 익혀 왔던 폴은
존 앞에서 노래를 몇 곡 연주했어요.
존은 폴의 연주가 무척 맘에 들어서
밴드에 들어오라고 했어요.
폴은 마음이 한껏 들떴어요!
존에게 음악으로 더욱 인정받고 싶었지요.

하지만 막상 첫 공연을 앞두고 폴은 잔뜩 긴장했어요.
중요한 기타 독주까지 맡았는데,
잘해 낼 수 있을지 자신이 없었어요.
과연 사람들이 폴의 연주를 듣고 좋아할까요?

무대 뒤에서 빠끔 내다보니 관객들이 보였어요.
늘 침착함을 잃지 않는 존은 폴에게
용기를 북돋워 주었어요.

그리고 둘은 **함께**
무대로 걸어 나갔지요.

존은 재미있고 자신만만한 친구였고,
폴은 조용하고 차분했어요.

존은 시와 예술을 좋아하고,
폴은 로큰롤과 블루스를
좋아했어요.

둘 다 기타 치기를 좋아하고,
틈만 나면 함께
노래를 만들고는 했지요.

가끔 존과 폴은 노래를 쓰기 위해
무작정 차를 잡아타고 먼 곳으로
여행을 떠나기도 했어요.

존이 노래 한 소절을 부르면,
폴이 이어받아
노래를 마무리했어요.

존이 기타의 어떤 코드를 연주하면
폴이 거기에 덧붙여 노래를 짓기도 했고요.

폴의 친구 조지도 밴드에 들어왔어요.
조지는 기타를 치는 솜씨가 뛰어났고 밴드 친구들에게
항상 새로운 음악을 소개해 주었어요.

하지만 드럼 연주자가
그만두면서 밴드는
다시 작아졌지요.

어느덧 일정을 관리해 주는
매니저도 생기고,

음반 만드는 것을 도와주는
프로듀서도 나타나고,

마침내 완벽한 드럼 연주자
링고까지 들어왔어요.

비틀즈는 라디오를 통해
전 세계 사람들의 귀를 사로잡고

텔레비전에도 출연했어요.

비틀즈의 인기는 점점 높아만 갔지요.

당시 세상은 큰 변화를 겪고 있었어요.
젊은이들은 비틀즈의 새로운 음악에 열광하고 감명을 받았어요.
그래요, 어떤 미래가 다가올지 누가 알겠어요?

비틀즈의 인기가 얼마나 높았는지 1965년에는
세계 최초로 미국 뉴욕의 대형 경기장에서 콘서트가 열리기도 했어요.
5만 5천 명이나 되는 관객들이 비틀즈의 공연을 보기 위해 모여들었지요.
이 정도로 많은 관객 앞에서 연주하는 음악가는 비틀즈가 처음이었어요.

이렇게 큰 공연이 열리던 날
리버풀 출신 네 청년은
몹시 긴장했어요.

존은 가사를
잊어버리기라도 할까 봐
겁이 났어요.

링고는 드럼을 칠 때
박자를 틀릴까 봐 걱정했고요.

대기실에서 기다리는 동안
네 친구는 연주를 연습하고
화음을 맞춰 보았어요.

그러고는 무대 의상으로 갈아입고
머리를 멋스럽게 헝클어뜨렸어요.

공연은 최고였어요!
관객들은 흥겨운 음악에 맞추어 고개를 흔들고
발을 까딱거렸어요. 모두가 비틀즈를 사랑했지요!

저마다 특별한 개성과 재능을 가진 존과 폴,
조지와 링고가 함께 만나서 독특하고 획기적인
음악이 만들어졌어요.

그렇게 비틀즈는
세계 최고의 록 밴드가 되었답니다.

음악으로 세상을 바꾼
비틀즈

> 존 레넌: 1940년 10월 9일~1980년 12월 8일
> 폴 매카트니: 1942년 6월 18일~
> 조지 해리슨: 1943년 2월 25일~2001년 11월 29일
> 링고 스타: 1940년 7월 7일~

비틀즈는 세상을 뒤흔들고 대중음악계를 영원히 바꾸어 놓았습니다. 영국 리버풀 출신의 존과 폴, 조지, 링고가 1962년 한데 뭉쳤고, 탁월한 재능과 창의성으로 세상이 한 번도 들어 본 적 없는 음악을 창조해 냈습니다. 그리고 그 음악을 통해 세대를 초월하여 영감을 주었지요. 비틀즈는 전 시대를 통틀어 가장 영향력이 큰 록 밴드가 되었습니다.

당시 영국은 유럽과 미국처럼 제2차 세계 대전의 상처에서 헤어나지 못하고 있었습니다. 힘든 시절이었고, 사람들은 여전히 슬픔에 잠겨 있었지요. 이때 혜성처럼 등장한 비틀즈의 음악은 유쾌하고 행복하고 즐거웠으며, 전후 시대의 숨 막히는 분위기를 단번에 날려 보냈습니다. 귀에 착착 감기는 멜로디와 네 사람이 이루는 화음, 가장 절실한 시기에 희망의 메시지를 전해 주는 노래들은 사람들의 사랑을 받을 수밖에 없었지요.

비틀즈가 등장하기 전 음악가들은 주로 남이 쓴 곡을 연주하고 노래했습니다. 하지만 비틀즈는 그 모든 것을 바꾸어 버렸습니다. 비틀즈는 작업실에서 몇 시간이고 즉흥 연주를 했고 종종 새로운 소리를 찾기 위해 특이한 악기들과 음악 스타일을 실험했습니다. 전통적인 포크 음악, 로큰롤, 블루스 그리고 심지어는 클래식 음악과 인도 음악에도 영향을 받았습니다. 비틀즈의 작품은 늘 신선하고 새로웠습니다. 존과 폴이 함께 작곡하면서 핵심적인 역할을 했지만, 다른 멤버들도 특별한 분위기를 불어넣어 주었습니다.

1970년, 존과 폴, 조지와 링고는 개인적인 음악 활동에 전념하기 위해 비틀즈를 해체했습니다. 그동안 워낙 끈끈한 유대감을 가지고 활동해 왔기 때문에 막상 비틀즈가 해체되자 다들 힘들어 했고, 사이도 나빠졌습니다. 하지만 시간이 조금 흐른 뒤에 네 사람은 다시 친구가 되었습니다.

비틀즈는 200곡이 넘는 곡을 썼고 전 세계를 돌며 순회공연을 했으며 텔레비전을 통해 수백만 명의 시청자들 앞에서 노래를 부르고, 영화에도 출연했습니다. 비틀즈의 노래는 세계적으로 사랑받고 지금까지도 수백만 장이 판매되고 있습니다. '필요한 것은 오직 사랑뿐(All You Need Is Love)'이라는 곡은 한 세대를 대표하는 찬가가 되었으며 단순하지만 오늘날에도 적용되는, 시대를 초월하는 메시지를 담고 있습니다.

비틀즈의 열성 팬을 가리키는 '비틀마니아'의 열풍이 전 세계를 휩쓸었습니다. 함께한 8년 동안 비틀즈는 끊임없이 새로운 모습을 보여 주었고 늘 새로운 아이디어를 받아들였습니다. 비틀즈는 사람들이 누구나 하고 싶은 대로 말할 수 있고, 입고 싶은 대로 입을 수 있다고 믿었으며 젊은이들이 스스로 즐거움을 찾고 창조적인 삶을 살도록 용기를 북돋워 주었습니다. 사람들은 비틀즈처럼 되고 싶어 했습니다. 비틀즈처럼 노래하고 연주하며 비틀즈의 모습을 닮고 싶어 했지요. 비틀즈는 열렬한 사랑과 숭배를 받았으며 1964년 무렵에는 세계적인 슈퍼스타로, 가는 곳마다 구름 같은 팬들을 몰고 다녔습니다.